El Eco de las Musas II

entre lo abstracto y lo tangible

Del Alma Editores

El eco de las musas ll : entre lo abstracto y lo tangible / Encarna Romero ... [et al.] ; editado por Gladys Viviana Landaburo ; fotografías de Julia Grover. - 1a ed compendiada. - Cosquín : Del Alma Editores, 2016.
200 p. ; 21 x 14 cm.

ISBN 978-987-3907-04-3

1. Poesía. I. Romero , Encarna II. Landaburo, Gladys Viviana, ed. III. Grover, Julia , fot.
CDD 861

Todos los Derechos Reservados. Prohibida la reproducción total o parcial de esta obra por cualquier medio sin previo permiso escrito por parte del autor.

Contacto:del_alma_editores@yahoo.com.ar

Whatsapp:543541598941

El sentimiento - amor, odio, desprecio, alegría, gozo, felicidad - es siempre intangible, etéreo, hasta inimaginable, y no es hasta que vemos físicamente el abrazo, el beso, la lágrima, que se convierte en algo tangible. El poeta, con la magia de la palabra, los hace tangibles, " sentibles" a quien no está presente. A través de sus letras, nos transporta de forma instantánea a esos sentimientos haciéndolos parte del lector, lo lleva al lado o frente al escritor de inmediato, o siembra ese sentimiento en el corazón del lector haciéndolo dueño. La palabra es un rito de encantamientos que convierte lo etéreo en realidad en un instante que puede ser muy corto, casi insignificante, pero que puede durar por toda la vida.

Jeannette Cabrera Molinelli

María Elena Altamirano

Argentina

Nací un 3 de febrero, tuve una infancia feliz; con los avatares propios de la adolescencia, llegó el deseo de escribir.

Mi timidez me llevó a transformar los poemas en mi secreto, con la madurez me fui animando a que otros pudieran conocerlos.

En 2001 participé en el concurso literario *Juan Filloy* realizado por la *Sociedad Cordobesa de Escritores,* obteniendo un diploma de reconocimiento.-

Luego de eso, mis escritos durmieron un largo sueño, a pesar de que cada tanto creaba alguna poesía nueva que quedaba guardada.

En 2014 surgió la oportunidad de participar en la Antología Literaria de Cuento y Poesía *Sueños & Secretos,* y estoy muy feliz de haber sido parte.

A principios de 2015, obtuve un diploma por la participación en el 1º Concurso Destellos de Poesía de la página de facebook *Destellos de Versos Libres.*

Soy amateur, escribo porque me gusta, vivo en Cosquín, provincia de Córdoba, República Argentina.

A mi participación en este libro se la dedico a mi familia: mi amor Juan Carlos, mis hijos Noe y Teby, porque me acompañan y están felices de verme hacer lo que me gusta; a mi nietito Gaby y a mis padres Cecilia y José Simó

GRACIAS

Gracias Dios por permitirme
Disfrutar y tener paz,
ver el sol y ver la cumbre
del monte que esconde su faz.

Gracias Dios por regalarme
la vida, mis hijos, amor,
el perfume de las flores,
sus formas, tamaño y color.

Gracias Dios por ofrecerme
el trino de las aves,
la lluvia, la brisa, la luz
y el sonar del agua que cae.

Gracias Dios por haberme dado
Salud, trabajo, calor…,
y capacidad suficiente
para valorar tu creación.

COSQUÍN

Este es mi lugar en el mundo, donde el amor encontré,
lo adopté como mi pueblo, y no reniego de él.
Tiene un río que se entona con folklore cada enero
y el turista canta y baila, festejando ese encuentro.

A ese río cantor lo acompañan las montañas,
que lo descubren al sol, temprano, cada mañana.
Desde ahí el *Pan de Azúcar* nos cuida como una "nana"
y yo lo puedo admirar cuando abro mi ventana.

De vez en cuando las nubes, cansadas de trasnochar,
sobre el colchón montañoso se quedan a pernoctar
y cuando al fin del alba, el sol empieza a asomar,
se levantan una a una, comenzándose a marchar.

Para completar el paisaje de este bello lugar,
Hay que sumarle el pueblo con título de ciudad,
que nos tiene de habitantes sin pedirnos nada más,
que trabajemos en serio para poder progresar.

Cosquín tiene un encanto que yo no sé descifrar…,
tal vez es el invierno, su helada tranquilidad…
o quizás sea el verano y su cálido despertar
con trinos de pajaritos, que da gusto escuchar…

A este lugar en la tierra lo he encontrado sin buscarlo,
pues vine de muy pequeña y aquí yo me fui quedando,
y casi sin darme cuenta, con el paso de los años,
comprendí que es "mi lugar" y no quiero abandonarlo

EL TIEMPO

El tiempo es un tirano
que nos da y que nos quita,
nos cura el alma, lastima,
y se va llevando la vida.

El tiempo es algo sabio
que inexorable transita,
y sin ningún miramiento
rompe reglas, modifica.

El tiempo es lo que esperamos
para germinar las semillas,
para ver abrir las flores,
para sanar una herida.

Es el mismo que nos mata,
el que nos da esperanzas,
es el ciclo infinito,
del que nunca nadie escapa.

El tiempo nos da lecciones,
muchas veces dolorosas,
lucha igual por ser feliz,
pues la vida es una sola.

Viva la vida y el tiempo
que tengo para vivirla,

viva el tiempo que pasó,
y el tiempo que se avecina.

OTOÑO SIN TI

Llora el cielo tu ausencia
con lágrimas de cristal,
el otoño está triste,
no lo puede remediar.
Las hojas van con el viento,
te quieren alcanzar,
y decirte que te extraño,
como a nadie, sin igual.
El sol se ha escondido,
no quiere verme llorar,
las nubes le dan abrigo,
y consuelo, sin cesar.
Todo es un caos ahora,
desde que no estás,
nadie sabe qué hacer,
para verte regresar,
y mi angustia va creciendo,
cada día un poco más.

TUS MIRADAS

Tus miradas son, como mil palabras,
que me dicen todo, sin decirme nada,
que solo mencionan lo que a mí me gusta,
y hasta a veces creo, que también me asustan…

Me es grato cruzarme con una de ellas,
si son en mi cielo, como dos estrellas,
que me irradian luz que me alegra el alma,
por eso me gustan, tanto, tus miradas…

IDILIO CELESTE

Llegó el día,
Amaneció;
la luna no quiere irse,
pues espera por el sol.

El sol
está por salir
detrás
de aquel alto cerro,
la luna
lo quiere ver,
pues motiva
su desvelo.

Lo mira,
tal vez de lejos,
no quiere
molestarlo,
le basta
con su calor
y su luz
para soñarlo.

El cielo
pintó de azul

la alfombra
para este encuentro
y las nubes
se esfumaron
para que yo
pudiera verlo.

Medio día,
y la luna,
se va para volver,
por la noche,
a esperarlo,
a su amor,
el astro rey.

AL EXCOMBATIENTE

Sos el héroe que espera
algún reconocimiento,
y no solo compasión
por todos tus sufrimientos.

Sos el que nadie se acuerda,
Sos el eterno olvidado,
Sos un hijo de esta tierra
y por ella has luchado.

Nadie sabe, ni sabrá
por todo lo que has pasado,
nadie sabe lo que vive
en la guerra, un soldado.

Nadie imaginará nunca
lo que es volver derrotado,
con una torre de sueños,
todos ellos, derrumbados.
Y después de tantos años
de aquella guerra tan cruel,
estamos en deuda contigo,
seguimos igual que ayer.

LLUVIOSO

No sé porqué en los días de lluvia
te tengo tan presente,
será que la brisa húmeda
me roza con tu recuerdo,
será que el piso mojado
te refleja en mí, adentro,
tal vez en las gotas que caen
oigo tu voz y te siento.
No te pensaba y te pienso;
es que el día me ha llenado
de melancolía y no quiero,
ni debo pensar en ti,
más tal vez no sea tan malo,
por lo feliz que me hace,
tu presencia imaginar.
Hoy saldré a caminar,
Tengo cita con tu recuerdo
y la lluvia cuidará
detalles de nuestro encuentro.

Ramón Amarillas

México

Ramón Silverio Amarillas Armenta, nacido en México, al noroeste del País, en el Puerto de Guaymas, Sonora.

Ha realizado sus estudios profesionales de Contador Público y Lic. en Administración de Empresas en el Instituto Tecnológico de Sonora.

Ejerciendo su profesión como Contador General, Puestos Gerenciales, Auditorías, Recursos Humanos y Diseñador de Sistemas de Controles Internos; posteriormente realiza estudios de maestría en Administración en la Universidad de Sonora, actualmente reside en Guaymas – Hermosillo.

En el campo de las artes, realizó estudios de dibujo y pintura artística a temprana edad en su natal Puerto de Guaymas, donde obtiene el primer lugar en la técnica de Oleo con su obra "María", lo que lo lleva a participar en exposiciones grupales de la Casa de la Cultura de Guaymas, así como dentro del Instituto Tecnológico de Sonora, en el museo de la antigua Cárcel de Guaymas y el Auditorio Cívico Municipal en 2004.

En junio de 2008 realiza su exposición individual "Ilusión en Rojo" donde se combinan sus obras pictóricas con poemas inéditos.

Ha asistido a talleres de apreciación literaria, ortografía, expresión oral y escrita y redacción literaria.

Dentro de la poesía se integra como miembro activo al portal poético Mundo Poesía, donde adquiere madurez en el campo de la poesía al encontrarse con Poetas reconocidos que le ayudan forjar su camino en las letras, es miembro activo también del portal Soypoeta.com y se une al movimiento de El Eco de las Musas como parte de la administración, de este proyecto que promueve la cultura y el arte desde Argentina para el mundo junto a su creadora la poeta, escritora y editora *Gladys Viviana Landaburo* y *Julia Grover* Fotógrafo Profesional.

En el año 2013 se escuchan sus poemas en la Radio Argentina en el programa "Mariposas en la Noche" Especial FM 93.3 Santa Fe Argentina de la cual recibe reconocimientos, en "Susurros del Alma" en estación de la red Puerto Rico –Argentina, así como en la Radio Portal de Puntilla F.M. 103.5 desde de Córdoba-Argentina en el programa "El Eco de las Musas".

Por lo que es invitado a formar parte de la administración de la red social "El Eco de las Musas" un movimiento cultural, para promover el arte, además de formar parte de la antología El Eco de las Musas Solo Poesía en el 2014 con poetas hispanoamericanos de la Editorial "Del Alma Editores".

En este mismo año 2014 forma parte de la antología de Cuento y poesía "Sueños y Secretos" Autores hispanoamericanos bajo el sello de la editorial "Eco Editorial Argentina".

Sus poemas han sido publicados en revistas culturales para escuelas y bibliotecas como "La Ciruja" en Jovita Argentina.

Reconocimiento en Mundo Poesía por su poema "Versos en mis Ojos" (2013)

Reconocimiento Primer lugar en ventas por El Eco de las Musas: Solo poesía

Reconocimiento Fomento a la Lectura por el CET del Mar No.03 (2014)

Reconocimiento como Autor de la antología El Eco de las Musas por el Instituto Tecnológico de Sonora (2014).

Reconocimiento de radio FM Especial 933 del programa "Mariposas en la noche" por aportación a la cultura Santa Fe Argentina (2015)

Reconocimiento como miembro activo del programa "Entre Versos y Canciones estamos tú y yo" desde Barcelona España Radio On line (2015)

ESCRIBIRÉ

Voy a empezar un diario
hasta donde la memoria
me alcance…

Solo anotaré cosas bellas,
las que me hagan recordarte.

Escribiré los momentos
por los que no he de olvidarte,
los que dibujan sonrisas
al momento de pensarte,
los que humedecen mis ojos
y que me hicieron amarte…

Escribiré se escribe la Historia
pretendiendo que perdure
y cuando intentes olvidarme
te invitaré a que leas
lo bueno que me dejaste.

Y si en ti dejé algo,
recuerdes por qué
es que me amaste.

TU AUSENCIA

De tan alegre presencia
Sonrisa, campana,
alegre castañuela…

Viviendo el momento…
segundo a segundo,
Viviendo siempre.

Hoy el gran silencio…
La calma infinita del sueño eterno…
Un Beso ,
un adiós …
un Recuerdo.

QUERIENDO Y NO...

A veces me pierdo
entre tantos recuerdos
recuerdo tu risa
tu olor y tu pelo...

A veces me pierdo
y otras me encuentro,
encuentro momentos
de dicha y de sueños...

Otras veces no sé,
no sé lo que siento
pues también recuerdo
tu desdén, tus desprecios.

Y es que nunca entendí
y es que aún no lo entiendo,
Tú jugabas a amar
y a mentir entre besos.

Por eso es que a veces
me pierdo y me encuentro

y otras veces no sé…
ni por qué te recuerdo…

NO HAY PALABRAS

Tanto quería decir,
tanto quería contarte,
tanto esperaba el momento,
siempre soñaba encontrarte.

Ahora al estar frente a frente
sin pronunciar palabra...
Fuimos uno al amar,
hoy todo quedó en nada.

Mientras mis ojos hablaban,
tu corazón suspiraba,
se cruzaron las miradas
pero jamás las palabras.

Nada pudimos decir
¿Será que no hay
nada que hablar?...
o ¿Será que existen palabras
con fecha de caducidad?

Tanto fuimos juntos
y tanto quisimos ser...
-Que hoy somos

dos desconocidos
Creyéndose conocer-

TU JUEGO... MENTIR

Tú jugabas a mentir,
yo jugaba a creerte
hoy del juego desistí,
nunca pretendí vencerte.

Puedes decir que has ganado
y que yo solo he perdido
puedes decir tantas cosas
pero jamás fui vencido.

Disfruta de la victoria,
yo de mi libertad
yo quedaré en la derrota,
pero con ganas de amar

Hoy perdí la partida
y créeme no es humillarme
he perdido tu amor,
si para ti eso era amarme.

Pierdo tu compañía...
que en realidad era a medias,
pierdo el tiempo perdido
de tantas horas de espera.

Pierdo tus falsas promesas
y tanto sueño guajiro
una limosna de amor
y unas migajas de olvido.

Sí, he perdido este juego
y aunque me duela perderlo,
hoy me reencuentro conmigo
debo reconocerlo.

No es dolor el que me venzas;
porque eso no ha sucedido,
soy yo quien se retira
ahora que te he conocido.

Este es triunfo que tienes,
el que alimenta tu ego,
el que acrecienta tu orgullo
y tu habilidad en tu juego.

...Aunque no sé porqué ganas
si nunca creí tus mentiras
y me pregunto si Tú...
Creíste que te creía.

AMOR VIVO

Me pregunto cómo sería
si tú me correspondieras,
si el desvelo de mis noches
fueran veladas intensas
bailando bajo la luna
contemplando las estrellas.

Me pregunto, y no hay respuestas
si tanto te costó amarme
¿por qué, dejaste que te quisiera?

No, no es que me pese quererte
ni que maldiga mi suerte,
en el corazón no se manda
y la razón no lo entiende.

Siento una herida tan grande,
es un dolor que me pesa…
siento un inmenso vacío
y una soledad que me apresa.

Siento cansancio en mi pecho
y el dolor se acrecienta…
una ausencia de lágrimas
mientras el alma se agrieta.

Y es que todo de di
sin que tú lo pidieras,
todo te daría otra vez
el día que tú volvieras

y yo sería feliz…
si tan solo me quisieras.

MAL DÍA…

En las noches tan oscuras
preguntándose el ¿por qué?
mientras lágrimas rodaban
y se erizaba su piel

Solo abrazaba a su almohada
tratando de no gritar,
ahogando sus tristes penas
que en sus silencios están

Aún recuerda en las noches
los días de soledad;
aún duelen las heridas
que no acaban de cerrar.

Trae cicatrices en el alma
que siempre presente están
y aunque no guarda rencores
no deja de recordar…

Cierra sus ojos y sueña
cuando a su madre abrazaba
siendo apenas una niña
y así el dolor alejaba…

Son los momentos que añora,
levanta su mirada… Suspira,
tratando de entender
que tan injusta es la vida.

Y así se asoma el sol,
se levanta y continúa…
Es mujer, es fuerte y piensa:
-Solo es cosa de un mal día –

HOY HABLÉ CON MI CORAZÓN

Hoy hablé con mi corazón
quien sentía cansado,
cansado de esperar…
que regreses a su lado

Traté de enseñarle diciendo
que el amor no se mendiga,
que el amor no se suplica,
y mucho menos se compra.

Hoy hablé con mi corazón
y fue con palabras fuertes
siento tanto haberlo herido.
Mas para consolarlo…
lamento haberle mentido

Sí, hoy le mentí al corazón
para ya no lastimarlo,
le dije que la confusión
fue quien te llevó a dejarlo…

¡Claro que no me creyó!
Su desprecio pude sentirlo.
Me dijo -¡no pienses por mí!
que él ya te llevó al olvido.

Hoy hablé con mi corazón
que se empeña en amarte
o -¿él le habló a la razón
que se aferra a no olvidarte?

ATADO AL TEMOR

De migajas y en la sombras
del amor hice deleite,
pues no conocí más voz
que el rechinar de sus dientes.

De la rendija donde la luz asoma,
me percaté de su repentina existencia
por el tintinar de la limosna que cae,
que se hace manjar de quien vive
de recoger las sobras…

Hoy que he visto la luz,
ahora me ciega, me atonta,
me aquieta;
le temo a ser yo, le temo a vivir,
a ya no amar más ni entre sombras…
cuesta olvidar, dejar las migajas,
el miedo a vivir, temerle a la luz,
perder las limosnas.

Mientras tanto yo,
sigo atado al temor,
cerrando mis ojos,

con miedo a vivir
y recogiendo las sobras.

Clara Appelhans

Argentina

Clara Graciela Appelhans (Nació en el barrio de Flores,Bs As, Argentina, el 30 de Octubre de 1960
Ejerce la docencia en Educación Prescolar,desde el año 1990.
Escritora,poeta,participó como jurado en certámenes de poesía,en la ciudad de Merlo.
Es parte integrante como autora de las antologías poéticas"Letras sin nombres"(Editorial Dunken)
"En el sendero de las letras"(Del Alma Editores)
"El Eco de las Musas Solo Poesía"(Del Alma Editores)

"Cada día que vivo es el resultado de mi elección".

OJOS DE ÁNGEL

Hermoso… sumergido en una dimensión de luces y sonidos
Belleza sin límites, buscando mi contacto espiritual...
Recojo de los planes astrales, la dulce melodía de tu voz
Forma humana... ojos de ángel me sugieres
Me acompañas superando mis pequeños problemas
saliendo airosos de ese difícil trance.

Te invoco criatura celestial
eres la forma más divina de la amistad
En silencio, paz y armonía te espero...

Cierro mis ojos una vez más
sintiendo tu mensaje, dejándolo flotar
Como una hoja en blanco
sentiré la energía de tu amor
Ser alado... que convierte cada día en un milagro
Espejo de mi mano
cerca de mi ventana veo salir el sol
Secreto guardado de tu pluma blanca
dibujando alas, llanuras y flores
al caer el alba...

UN PARTIDO DE AJEDREZ

Ahora la dama blanca está frente al rey,
ya no quedan alfiles, ni caballos,
torres desmoronadas se observan
Todos... fuera del tablero
mirando quién realizará el Jaque Mate.

La dama expresó lo que sentía,
el rey intentó defenderse con valentía.
Todo puesto en escena,
no hay máscaras donde esconderse,
solo sinceridad...
jaque Mate dice la dama,
el orgulloso rey no cae
pero... acepta la derrota.

TU SILUETA ETÉREA

Sigo con pasos silenciosos
caminando sobre tu sombra
intentando acariciar
tu silueta etérea...
Persiguiendo a través del olfato
el perfume suave de una piel dormida.
Conozco tu corazón,
pero no tu rostro...
Me invitas a danzar
junto a tu alma
pero no puedo tocarte...
Caballero misterioso
de palabras bonitas
Tú eres mi inspiración
como la luna que acaricia
los suaves pétalos de una flor.

OJOS NEGROS

Me sumerjo en la ciudad
escuchando el sordo murmullo de la gente
y entre la multitud puedo ver
tus ojos negros...
Agradable mirada
que en las noches de soledad
entibian mi corazón
con palabras dichas alguna vez.
Ojos que preguntan, indagan,
presienten y hablan...
Como las estrellas titilando
en tu mirada de noche obscura
y cálida...
Como un fruto amargo
que se endulza en mi boca...
Como la marea que moja
serenamente el espíritu infinito...

El fulgor de tu pupila
se dilata cuando me besas
Ojos negros tiernos
de mirada sincera
que sin pronunciar palabra
me han dicho Te Quiero...
(Dedicado a Dante)

ROMÁNTICO LENGUAJE

Danza conmigo amor a la luz de la luna...
Las estrellas serán nuestro escenario
Giro... rozando tu figura
con tu pañuelo envuelves mi cintura
tus manos me sostienen con dulzura.

Terreno arenoso que se aleja de mis pies
con una reverencia... me besas
Baile sensual, en vueltas me dejas
entre flores que se mecen
con aromas a brisa primaveral

Celoso el cielo cae en mis ojos
gestos que dialogan
de terciopelo el caudal
de miradas que desesperan tímidamente
en mi regazo de enredaderas

Sabor dulce de canto y fiesta
final de esta zamba
que en mi vientre gesta
pasión y ternura... romántico lenguaje
de dos almas que emprenden
en esta vida... un mismo viaje.

Ramón Florentino Arcos

Argentina

Me llamo Ramón Florentino Arcos:nací el 26 de septiembre de 1944 en Cosquín Pcia de Córdoba-Argentina.
He cursado la primaria completa, y a los 26 años, hice un curso de auxiliar contable. A pesar de que siempre quise cultivar mi intelecto, por la situación económica de mi familia, solo me fue posible debido a mi sed de superación, hacerlo en forma autodidacta.

Escribo algo que pretende ser poesía (para que la lean mis familiares), y nunca imaginé que algún día pudieran mis trabajos, ser leídos a través de un libro:Agradezco esta oportunidad.

TORMENTA DE AMOR

Esperaba una lluvia
y llegó una tormenta de amor,
que inundó mi corazón
¿Sabes? Eres una persona mágica
porque transformaste todos los grises
en la paleta de un pintor
El oscuro crepúsculo
en la más brillante aurora
Los torpes latidos de mi corazón
en la más sublime melodía
solo porque llegaste un día
y llenaste de luz, amor, música
y color, todas mis horas.

PICOTÓN

Las lágrimas que derramaste
pimpollo de mi corazón
brotaron de la inmensidad
de tu alma pura
porque tu amigo el picotón
escapó de aquella prisión oscura
Condenado por la soberbia de un
no sé quién o no sé cuánto,
que no sabe que esas perlas que
brillan en tus ojos
le están gritando:
-Me has hecho sufrir tanto
mas tu actitud es la hermosa realidad
de un dulce sueño
Mostrar la triste pequeñez de un grande,
y la inmensa grandeza de un pequeño.

A MI NOVIA

Luego de vivir una soledad llena de presencia
me había olvidado, que existe el olvido.
Eres la luz que borró la penumbra de mi existencia
Lograste que olvide todo lo vivido
hace una larga ausencia
Eres tan distinta, le diste a mi alma
un mundo de amor y la ansiada calma
con algo tan simple como tu presencia
En el jardín de mi vida eres la más bella flor,
La más fresca, la más dulce, la más hermosa,
la única estrella con forma de amor:
¡Te amo, mi Diosa!

ADIÓS

Hazlo de una vez,
siento que voy a morir

La luz del sol ya no brillará
Las olas del mar no romperán
El canto de los pájaros no se escuchará
y todo mi mundo se derrumbará

Mi corazón te pide que no me dejes ir
Mi mente no se alegra
de tus mentiras blancas para tus noches negras

Te estás alejando ya lo sé
¡No quieres verme morir!

A MAMA ÑATA

Con alegría y vigor
Inicio mi caminata
hacia tu templo de amor:
Mi querida *Mama Ñata*

Me cuidaste, me mimaste
me enseñaste lo mejor
Curaste todos mis males,
calmaste siempre el dolor

Disfrutabas de mi risa,
disfrutabas mi emoción
Eres tú junto a mi padre
Sin dudas mi gran pasión

Y prosigo madre mía
esta alegre caminata
que seas feliz en tu vida
Mi querida *Mama Ñata*

Patricia Bustamante

Argentina

Nací en la ciudad de Cosquín, provincia de Córdoba y viví junto a mis padres y hermanos en la localidad vecina de Santa María de Punilla. Estudié y me recibí de Abogada en la Universidad Nacional de Córdoba. Trabajo hace casi 28 años en un Hospital. Escribo hace muchos años, aproximadamente desde los trece años. Nunca había pensado en publicar, hasta que hace unos meses conocí a Gladys Viviana Landaburo, sin saber que era Poeta, Escritora y Editora, y así fue que ella comenzó a leer mis poesías y alentarme y guiarme en este nuevo camino que he emprendido. Formo parte de varios Grupos de Poetas, de nuestro país y de países vecinos, donde publico habitualmente mis poesías, grupos como : El Eco de las Musas, Club de Pensamientos, Sueños, Poemas y Cuentos, Poesías y Sueños de Silvia, Cuenta Conmigo, Chat de Poetas Susurros del Alma, Pensamientos y Poemas para compartir entre amigos, Poetas y Amigos, Versos Poemas y Libros, y otros más.

Me hablas del silencio de los mares,
de la arena donde el mar escribirá mi
nombre y la promesa del agua
y la sal de que nunca lo borrarán...
Hermosa respuesta... para una mirada
...que por primera vez perdida,
no encuentra el horizonte... que siente
las ganas de un abrazo eterno y
la caricia en sus cabellos hasta dormirse
... Hermosa respuesta!!!!!!

Apareciste en mi vida
y aprendí... aprendí
a volar con alas propias
sin colgarme de unas
prestadas.
Aprendí a disfrutar
el compañero de viaje,
donde el viento de frente
pega en tu rostro...
dándote aires nuevos
donde el riesgo y
las locas fantasías se
hacen realidad.
Apareciste en mi vida
y con nuevos aires...
aprendí a Amar...

A partir de hoy
voy amarte con silencios,
provocando ausencias… e
inventando distancias
Desde hoy voy amarte sin
poemas…
con muchas acciones
y escasas palabras
A partir de hoy…
voy a amarte…
como tú me amaste

Así como la mariposa
se posa sobre la flor
sin lastimarla... Así se
apoya mi amor
sobre aquel que prometiste,
no importa si tú partiste
sin verlo... Mi amor siguió
tras tus pasos errantes
que sin destino... caminan
y en tus noches de dolor te
harán sentir...
que allí estoy... regalándote caricias
regalándote pasiones...

Cómo decirte... que te quiero?

si te escapas...

entre el silencio de la noche
y tu miedo...
Cómo decirte que te amo?
si el amor que me tienes tú
lo niegas...!!!!
Cómo llegar a tu corazón?
si te vas de mis abrazos... y
no dejas latir
mi pecho en tu pecho...
Cómo decirte...?
No lo entiendo!!!!!

Cecilia Conejeros

Chile

Cecilia Conejeros M. es una apasionada escritora y poetisa, sus versos encierran profundo significado y belleza.

Junto a sus estudios universitarios ha dedicado gran tiempo a adquirir conocimientos de disciplinas espirituales, esotéricas y Tarot.

Ha editado un libro de corte Realismo Mágico llamado TODO LO QUE HAS DE OLVIDAR Editorial Forja y participado en la Cuarta Antología de *Versos Compartidos* TRAZANDO HUELLAS.

Actualmente publica en algunas páginas de poetas de Facebook obteniendo diversos premios y reconocimientos.
Está radicada en Santiago Chile junto a su familia.

AFRODITA, ADIÓS.

La última vez que la vi con
sus pechos de concheperla
fue una noche de primavera
traía una lluvia de alondras
trepando por su espalda
y una lluvia de gacelas
electrizaba sus muslos.
En un halo de pasión púrpura
iba invocando encuentros,
fusión de cómplices.
Más, la efervescencia
de su sangre ansiosa
confundió su reflejo
y estrelló sus alas fragantes
contra la esfinge déspota.
Allí , sumida
bajo la certeza de piedra
la vi deshacer su mirada,
la última.
Su magia subsistió
usurpando esperanzas
de carruajes combatientes
que arremolinó
hasta esa noche.

De a poco
la vi hacerse burbuja
y desaparecer por una grieta
que dejó ese rayo
al calcinar su fuego .
Las vertientes que fluían
tratando de besar la tierra,
esa noche
quedaron gélidas .
Un descarnado diluvio
perforó su sombra
hasta cubrir por completo
su féretro de Luna .

A SOLAS

Estoy a solas con mi soledad
que de tanto estar nos parecemos
todo resulta al fin tan fugaz
que la verdad palpita en el silencio
de las cosas que queremos .
Nada nuevo surge de la tierra seca
todo ha venido por antiguas sendas
repitiendo mapas rueda el mundo
con vestigios de dioses extintos.
Hoy te extraño y tengo frío
Ayer, solo ayer eras mío,
sigue la rueda y sus despidos,
como vivir el amor y el olvido
si miel y veneno es casi lo mismo.
Ingrata es la pasión y el sentimiento
permanecen cual pétalos en el aire
basta un hálito, un poco de viento
y esa alegría volátil se desvanece.
Hoy te extraño y el mundo gira
con él se van los hasta siempre,
la herida más honda cicatriza
excepto este dolor de no tenerte.

SIN REMEDIO

Pudiste olvidarme ?
Este concierto nocturno de grillos en celo
trae a mi vida recuerdos imprecisos de tus huellas .
Me pregunto si has sentido de nuevo la urgencia
de hundirte en su cuello susurrando tu deseo?
Pudiste abrazar a otra hasta sentir que se quiebra
en ese abrazo hambriento?
Has hecho de nuevo el amor mirándola a los ojos
internándote en sus bosques secretos ?
Has besado una a una sus lágrimas de inmensidad incorpórea y
gozosa, tras la pasión dulce del sexo?
Acaso pudiste llenar el vacío de los besos ausentes ?
esos que nadie podría nunca entenderlos ?
Sí pudiste olvidarme te admiro
porque yo no lo he hecho...
Mi tiempo se enamoró de tus besos,
de tu ritmo, de tu acento y se resiste a relegarte a la cápsula del
deshecho.
Mi noche sigue bebiendo de nuestros luceros.
Creo que no tengo remedio!

SERÉ

Siempre seré ese lapsus de silencio
esa pausa de segundos vacíos
que raptará tus ojos y tu boca
hacia esas brumas sin tiempo.
La cicatriz que a veces sangra
que sin estar siempre te acompaña,
el nombre que nunca pronuncias
y se lleva tus labios en sus alas.
Seré en el ocaso frente al océano
esa gaviota que triza el horizonte
el suspiro que se escapa del pecho
y secuestra tu mirada un instante.
Seré aquello que no silencia
que subiste aleteando sin miedo,
la pregunta que no te contestas...
¿Dónde estarás mi amor eterno ?

SIN EMBARGO

Adiós amor
deseo que ames,
que ames de nuevo,
sin medida, profundo.
y que sin embargo, me extrañes .
Deseo que seas dichoso,
que la vida te colme de gozo
que el amor te llegue a raudales
que tengas abiertas las puertas
sin embargo, que yo te haga falta.
Adiós amor, deseo que seas libre
para que ames sin medida,
sin embargo que subsista,
que palpite siempre en tu sangre
la marca que dejé en tu vida.
Que sea tu vida mieles y besos
hasta el final del sendero,
sin embargo en el recodo del ocaso
mi nombre se deslice de tu pecho
y sea yo la que te tienda los brazos.

DEJAR AL TIEMPO

He debido quebrar palabras,
hacerlas polvo de lluvia
para impedir que se hundan
carne adentro como dagas.
Cuánto dolor tejen las lenguas
si del mal procede quien juzga
y cuánto inmenso amor gozoso
si por la boca habla el alma.
La mente creadora de sentencias
con visos de venenos o manjares,
la pasajera hilandera de vientos,
de emociones y tempestades.
Frágil e inconsistente balanza
la que impulsa nuestra respuesta,
cambiante, sanguínea, engañosa,
percepciones de oscura mirada.
Por eso dejar al tiempo su obra,
solo merecen atención los actos,
dejar que destilen las máscaras
y aflore puro el corazón intacto.

Franklin Galarza
Ecuador

Contador Público.-Bachiller en Ciencias de Comercio y Administración
Licenciado en Ciencias de Comercio y Administración.- Universidad Cental del Ecuador
Doctor en Administración Educativa.-Polictécnica Javeriana
Tipógrafo.-Artesano Calificado
Pintor.-Miembro de la Asociación de Pintores de Pichincha
Escritor Ecuatoriano.-Participación 1er. Concurso Internacional de poesía Museo Alvaro Noboa Naranjo Municipio de Quito.-Escritor de Cuentos.
Primera Participación en el lanzamiento Internacional de Escritores en " Sueños y Secretos" Cuento & Poesía.

AMOR APASIONADO

Tan tierna y frágil
llevada de la mano al desamor
¡SÍ!... Era frágil
delicada, llena de grácil inocencia
su bálsamo de rosas
fresca, sin mancha
como si naciera una flor,
sin saber quien la corta
sin saber si la llevarán al desamor.
Suspiro de toda una vida,
vida que se fue como un sueño
vida que de sueños a los sueños fue;
cual rayo devorador, calcinó su ilusión
rayo mezquino sin reparo
cortó su cuerpo
más no su inocencia
relámpago henchido de soberbia
fortaleza vana de padre
cuidada del ladrón de sueños
parapetado sin honra
remedo de hombre

sin valor ni tutela.

Encontró el amor
que cuatro veces con golpe al pecho
te preservó, se presentó, lo aceptaste;
en respeto
¡¡¡con valor!!!
sin saber; que era a su verdugo
quien relámpago henchido de soberbia
fortaleza vana de padre
celada del ladrón de sueños
guarecido sin honra
remedo de hombre
sin valor ni tutela.

¿Y quién sin más lo vio y oyó?
agazapado con hiel de fiera salvaje
meditabundo en su vómito
como el ser de mil ojos
serpiente llena de veneno
envuelto en piel de oveja
Ella como hija fiel
como cual perro a su propietario
del corazón ufano
entregó no al rayo

sí a la sigilosa centella
manteniendo
su amor.

Yacía a la brisa fresca
una llovizna aciaga
como Naja
en frugalidad firmeza no huyó
en parquedad
jamás temió
se enfrentó al ladrón de sueños
sin doblegar al amor
quien con firmeza contra el ogro avasallador
entregaba su savia
para que brotando de la tierra
florezca una Alexandra
colorida de eterno rubí.
¿Cómo?
mariposa con su crisálida
de piedra preciosa
engarzada en el recuerdo, su ternura
su inquieta y frágil figura
llena de pureza a su madre
volvía
ley de lo alto establecida.

Al fango dolorido
regresaba.

ALMA

Alma, explícame tu origen
olvidada como ama que cortejaste
te perturbaba su quietud
con trémula paciencia escudriñasteis;
con Dios mi sosiego,
con Dios mi deleite,
consumirse sin ser amada,
gemir esta mi existencia.

Derrocharé abatidos mis sentidos
suspirando mi miseria,
puesto que el ensueño ofusca el interés,
en la intuición de no distinguirte;
para el mortal menesteroso
negativa de allegados, negativa de conocidos,
me tienen como extinto,
gimoteo, como una víctima .
Afiliado entre los diligentes.

Afable amada señora
a quien inseparable yo alcancé,

coexistes en mi existencia
cómo existiré fuera de ti;
cómo aspiras que no suspire
si para sollozar yo salí;
el día de hoy sollozo sombras en época de vida,
calvario en mí a partir de estar contigo

Cruz Antonio González Astorga

México

Nací en Escuinapa, Sinaloa. México. Vivo en Culiacán, Sinaloa. Estudié en la Escuela Normal de Sinaloa y en la Facultad de Derecho en la Universidad Autónoma de Sinaloa.
Profesor de primaria en la escuela "Lic. Benito Juárez", en Navolato, Sinaloa.
Participé en la publicación de un libro de cuentos titulado "Estero de Cuentos", algunas revistas literarias y suplementos de cultura en la prensa.
Tengo 36 años, nací el 3 de mayo de 1979.

POEMA AL PORVENIR

otro tiempo quizá, pero este, tiempo presente nuestro las soluciones de ayer no funcionan más... todo cambia, y nosotros nos resistimos a la misma desnudes como anoche o la otra anterior... este tiempo más tuyo y mío un poco, requiere de nuevas caricias, lavarnos el rostro al amanecer y pintar otro paisaje donde todo, desde el primer árbol hasta la última nube tendrán que ser inventados... por suerte no estamos solos, hace mucho que la noche dejó la oscuridad y las estrellas solo sirven para adornar el florero del universo donde transitamos sin el polvo de los años pero con la memoria de los cuerpos.

otro tiempo quizá, y ya se está labrando su venida... llegaremos a tiempo estoy seguro, llegaremos para limpiar las culpas y pecados como tantas noches; otro tiempo quizá, se siente cerca.

MURMULLO

la mar
blanda cama
donde nos quitábamos
la ropa
en cada murmullo
de las olas

recuerdo
aquella tarde
jugábamos como locos
a construir castillos
         cobre la arena
a cantar
    cielo abierto
a tocarnos
      cada poro
a retener espumas
          entre los dedos

y te sumergiste primero

en la sábana azul
luego te seguí
hasta perdernos
en el sueva y dulce
murmullo…

en tus mares quemo
las naves de mis ansias
un recuerdo, una huída
la noche triste, la tortura
tu cabello, el desvelo
persiguiendo tu ser

de tu cuerpo brotan sales
salpicando los corales
de tu boca a mi medida
en mi lengua tu saliva
como miel

en tu cuerpo
me consumo
ancla adentro
tan profundo
poro a poro
por segundo
del reloj

y respiro el perfume

en tu cueva que desvela

cual ceguera que me quema

en la hoguera de tu piel…

SOMOS

los dos estamos
somos
miro a través de tus ojos
rodar el mundo
bajo mis pies
me persigue la sombra
tocando los talones
me alcanza la muerte
si paro y dices no

mis manos
moldean como barro
tu cuerpo
el semblante
los gestos
la memoria

los dos estamos
bajo el mismo techo
somos un reflejo del otro

me conozco

cuando nombras

el camino que me trae

soy todo en ti

en tus ojos

en tu voz

en tu boca

NOSTALGIAS

los días pasan
y nos aferramos
a viejos trucos
la paloma que sale
del negro sombrero
es demasiado viejo
pero nos consuela.

ahora
del sombrero
despiden miles
jugando por los aires
para luego desaparecer
al pulso de los dedos
sí, la vida ha cambiado
o será que me he vuelto viejo.

Daniel Rodriguez Herrera

España

Nacido en Madrid el 16 de marzo de 1979, en el hospital de la paz, Daniel madrileño de nacimiento y ascendencia zamorano-murciana reside en la actualidad en Madrid, perteneciente a una familia obrera española su infancia transcurrió como la de todos los niños de su generación sin destacar grandes rasgos de su vida.

Estudió en Madrid en los siguientes centros: E.G.B en el colegio público Pablo Sarasate de Móstoles y más tarde lo haría en el instituto Manuela Malasaña, lugares en los que estudió hasta su mayoría de edad cuando comenzó a trabajar en diferentes sitios y empresas.

A la edad de 21 años se emancipó dejando así el hogar paterno al que regresaría años más adelante en su vida, a la edad de 24 años tuvo a su primer hijo, alegría suya y de toda su familia pero esto solo sería el desencadenante de una enfermedad mental que a los 27 años hizo fuera jubilado por el tribunal médico.

Los siguientes años transcurrieron entre la enfermedad, su separación y el regreso al hogar, momento en el que comienza a escribir no con la idea de publicar un libro, sino como tratamiento para desahogar sus angustias y temores.

A la edad de 33 años publicó su primer libro "Dos etapas de la vida" 2012 en el que este poeta nos abre su corazón y su vida así como sus primeros textos como escritor, en los cuales se puede ver tanto el perfeccionamiento de su escritura poética como su crecimiento personal, a mediados de este mismo año publicaría su segundo libro "Soñándote amada mía" en el que poéticamente describe la belleza de aquellas mujeres que le rodean, lo que en ellas ve, lo que ellas le inspiran, con la mirada, en sus caras , sus cuerpo y su persona. En la actualidad trabaja en otro libro titulado "Negociando con la vida". a finales de 2012 llegaría su última obra "Viviendo el amor" en el que nos narra el amor las venturas y desventuras de un amor lejano. Para principios de 2014 se espera la publicación de su nueva obra "Deseos", a principios de este mismo año publicaría junto con más escritores en el libro Antología Poética la Noche Bohemia, más tarde, el día 22 de mayo de 2014 Daniel publicaría su obra "Sintiéndonos", su primera novela de narrativa poética que se llama ·Entre tú y yo: diario de una pareja· A principios del verano de 2015 recibiría un ascesi en su participación en el "II certamen Integra2" de la fundación integración y solidaridad. El 31 de julio de 2015 publicaría su libro "Enamorado", el día 25 de octubre fue publicado en varias editoriales un nuevo libro titulado "Nací para amarte". En 2016 publicó "De ti enamorado", y en la actualidad se encuentra trabajando en sus próximas obras.

YO TE QUIERO AMAR

Larga noche esta que he de pasar, porque de ti me fui a enamorar,, mil suspiros yo he de dar por este amor que no me deja ni pensar.

El techo fijo estaba por mirar, en la sombras tu rostro veía dibujar, tu rostro en él podía acariciar mi corazón así comenzaba a palpitar.

tu pelo en la cara que no deja de molestar con esa mirada perdida que mira más allá, en tu cara esa sonrisa que dan ganas de besar y eso que estoy en mi cama y solo hago imaginar.

Pues cuando te veo en realidad las piernas me comienzan a temblar solo tu belleza puedo contemplar y en el silencio decirte yo te quiero amar.

SUEÑO CON QUE LLEGUE EL MAÑANA

El insomnio se apodera de mi morada me retuerzo, en la noche, con la almohada pensando dulcemente en ti mi enamorada esperando que llegue al fin el mañana.
A ti en el corazón llevo encerrada, desde esa inesperada primera mirada, tu eres para mí el suspiro que guía mi alma, la mujer por la que mi sangre fuera derramada
Sueño con que llegue el mañana, con verte pasar bajo mi ventana con poder ver la luz de tu mirada, esa que no me deja pensar en nada.

DE TI...

Al pasar a mi lado me haces suspirar como ningún hombre ha suspirado y mi corazón fuertemente palpita como nunca antes había palpitado
Hoy pensaba llevarte a caballo cerca del encrespado acantilado agarrarte fuertemente de la mano y decirte algo en mí ha pasado.
Te miro como si nada hubiera al lado te pienso y mil horas han pasado besarte quiero como jamás he besado de ti... yo vivo locamente enamorado.

FLECHAZO

En el jardín tras la bella flor estaba escondido el amor, primero me llego su olor y comencé a sentir ese calor.
Algo le pasaba a mi cabeza perplejo perdí mi entereza al contemplar tanta belleza moldeada con tal delicadeza.
Intente actuar con firmeza decir esta chica me interesa sin cometer ninguna torpeza alcé la vista a mirar tu cabeza
Mi cara cambio de color comencé a sentir ese sudor de tus ojos vi su resplandor y supe que esto era amor.

Gladys Viviana Landaburo
Argentina

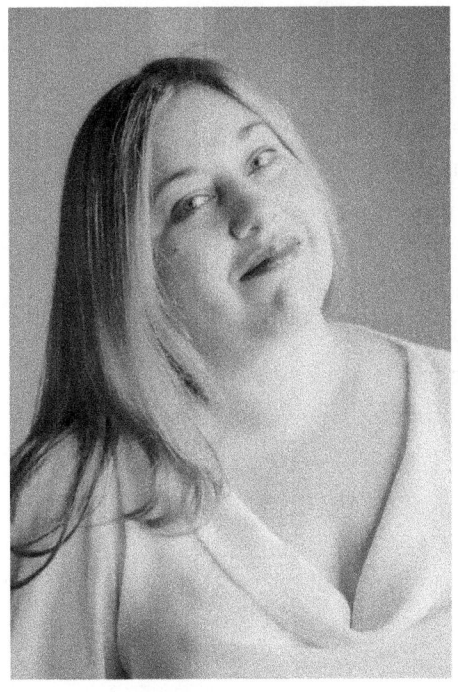

Soy escritora, poeta y editora fundadora de sellos:*Del alma editores* y de *Eco Editorial Argentina*.

CAYÓ EL VELO

Cuándo fue que cayó el velo
que mis instintos cegaban

Cuándo fue que olvidé
que al mirarte veía
a ese entrañable amigo
con quien aunados
resolvíamos mis enredos.

Dónde perdí en lo cotidiano
la razón de mis sentidos
para sucumbir tras la noche
y recalar bajo tus sábanas:
para explorar esa piel
agazapada que escondes
para buscarte irreflexivo
apasionado hasta la médula
aprisionando tu pudor
y arrojándolo al vacío

Para reencontrarnos calmados
en lo cotidiano de nuestros días
remanso ante incertidumbres

nido de mis ansiedades
turbulencias y paz
gloria de mi ser agitado…

¡siempre ahí, dándome todo!
embriagándote, embriagándome

Mi amigo, mi amor
¡estar unidos, nuestro destino!

Y EN VERSOS SUSURRANTES

Te veo...
 te percibo
desde cerca

y en versos susurrantes

te diría
lo que a muchos
escandalizaría

y
dejaría caer el velo
que ataja la penumbra
de mi oscuridad,

y te haría cómplice
de mis secretos...

para que mi alma
sin censuras
explote en celo

permisivo
lujurioso
anegado, lascivo;

sin prisa

dejando insinuante paso

al placer
que derrames
hurgándolo
en sus recoveco
inundándolo pleno
de lava
candente
que abrase

que me busque
insaciable
sometiéndome a sus antojos

siendo infinito regodeo,
de donde no quisiera retornar
a mi superficie

quedando sumida
en ese placer,
hundida
y etérea,
aún en la carne

HECHIZAS MIS SENTIDOS

Azulino mar de ensueño
que anegas mis costas
desde tu añil infinidad;
cuando derramas el caudal
de tu encendida marejada
revelando el volcán
que anida en tus confines;
me cautivas, me estremeces;
hechizas mis sentidos
y los impulsas al infinito
en insinuante arrebato que
esa fascinación me provoca;
me hundes en esas
ansias calcinantes, perturbadoras,
que sucumben frenéticas
para ahogarse en el deleite
de tu insondable flama
de naturaleza trémula...

ADONDE SEA

Adonde sea
mi corazón te hallará…
Adonde sea
sus pasos no beberán
la copa del olvido
En cada crepúsculo
su latir se agigantará
para nunca ser
hoja de un otoño
que caída
muerde el polvo
de la desesperanza
porque eres luz
acariciando el trigal
conque su pasión
se rebasa sin fin…
¡Adonde sea te hallará!

A TI POETA

Te pareces al carbono:
Naciste para brillar
como lo más genuino
para Ser eternidad,
como Diamante translúcido
facetado sin igual
¡nunca dejarás de estar
porque en tus letras
grafito, siempre perdurarás!
porque Diamante y grafito
interminables son
al igual que las letras
que tu alma poeta
¡a tu pluma susurran
para siempre jamás!

Marcela A. Lotta

Argentina

Nacida en la Ciudad de Buenos Aires - Argentina, el 29 de Septiembre de 1964, hija única de Luis Enrique Lotta, contador autodidacta y Regina Bietti, docente y poetisa aficionada.

Contadora Pública recibida en la Facultad de Ciencias Económicas de la Universidad de Buenos Aires a los 23 años de edad, visiblemente sensible y apasionada por las matemáticas como así por las letras, su mejor manera de comunicarse y expresar sus emociones.

Escribe desde su adolescencia y actualmente participa en el Portal Literario de Internet "Versos Compartidos" compartiendo sus letras y moderando los foros de "Prosas muy cortas" y de "Versos que son canciones", donde fue reconocida con varias distinciones a sus poemas y prosas.

Autora del libro "Alborada" editado en abril de 2015 por Del Alma Editores donde se pueden encontrar poemas que llegan al alma siendo una serenata a la vida y a los tiempos que vendrán.
Actualmente entre las horas libres que le deja su profesión, prepara nuevas ediciones de poesía y prosas.

OCRES Y FRÍO

¡Mirá y asómbrate!
los ocres han llegado
las hojas cubren veredas
y la noche se precipita
y en mi alma que palpita
comienzo a dejar huellas,
otoño de frazada suave
llovizna de gotas frescas.

No alcanza la mínima mueca
de mis manos enfriadas,
y una nariz colorada
se asoma bajo mis lentes
es igual a mostrar los dientes
esta sonrisa apretada
que sabe que empieza frío
y que se sabe arropada.

Una bebida caliente
un abrazo de calor humano
compartiendo con hermanos
en esta guarida silente
que arrasa prevaleciente
en un hogar con calor

afirmando que es la mejor
y a la vez más complaciente

AMORES RESERVADOS

Reservo el amor para esta tarde
No siempre deseo mostrarme amorosa
pero esta tarde es especial
vendrá él con sus manos suaves
a despertarme del sueño
y será el beso de sus labios
quien me rescate de este aletargado
y complicado dejarme morir.
Porque todo lo que comienza en sueño
en sueño se eterniza
y si se despabila el amor enmohecido
la realidad, por si sola,
arrancará hasta el último de los suspiros
de la inestable agonía.

PENSAMIENTOS...

No corras de prisa
mira al cielo,
disfruta la brisa
en el vuelo.
Siente que la vida
no es causa perdida
sin la pena que arrasa tu anhelo.

Anhelos de luna
que te besa,
¡bendita fortuna!
tu promesa
de dar tu palabra
que la puerta se abra
sin que se opaque con niebla espesa.

Reserva la duda
de aquel cuervo
que no se desnuda
en el verbo
mintiendo y matando,
sus sueños quemando
dañando el alma frágil del ciervo.

SOY FRÁGIL

Podría maldecir el momento
en que tus ojos se cruzaron con los míos,
pero no soy de esas, no soy.

Podría abrir el cauce a mi río de heridas incurables
y dejarte infectar de tóxicas nostalgias,
pero no soy de esas, no lo soy.

Más podría conjugar el verbo ausencia de ti
en pretérito, en presente, en futuro imperfecto,
en mis sábanas, en mi almohada, en mi piel,
con el sentido de hacer mella, mostrarme débil...
pero no soy de esas, no lo soy.

Soy frágil, no débil, no te confundas,
que sin necesidad de muecas,
me quiebro pero no muero.

Del libro *Alborada*
Edición 2015

LA FIGURA

No era de noche ni tampoco llovía,
en el parque vi una figura vana
mientras corría una leve brisa.
Ahí quedé, atónita, paralizada.

Miré a mi alrededor y ...la nada.
Era una figura de mujer, tétrica y fría.
Decidí retroceder y ella avanzaba,
quise gritar y no podía.

Y la luz del día se apagaba,
ella seguía firme, gélida, esquiva
hacia mí lentamente se acercaba.
Un enorme terror me consumía.

Su rostro deformado, sangrante, se reía...
Cerré los ojos y suavemente respiraba,
mi tensión no soportó y caí desvanecida.

Desperté sin entender lo que pasaba
pude hablar pero nadie me asistía,
y al tocar mi cara y sentirla destruida
encontré en mí su semblante de malvada.

Condenada a vivir en tinieblas y la locura
ocultándome de la luz que me quemaba,
esa misteriosa y siniestra figura
me había robado la vida,
me había robado el alma.

CORRUPCIÓN EN EL CIELO

La noche invita a un banquete de carnes.
Lame sus garras un lucero
jactándose de su única luz
como reflejo de su soberbia.

Un astro enfurecido,
que no pudo copular al cometa,
vomita su asco entre montañas
sin importarle los sismos ocasionados.

Las nubes, como obesas maniáticas,
chocan entre sí, una y mil veces
se hacen añicos inmolándose
en truenos y rayos tenebrosos
avivando los temporales más devastadores,
lluvia ácida que quema y carcome la piel,
dejando el hueso expuesto a tal espanto.

Las pervertidas estrellas, lujuriosas,
mojan sus lenguas en vino
bebiéndose a los románticos,
masticando a los puritanos ortodoxos.

El Sol se tambalea ebrio de dagas

solsticios y equinoccios en caos.
Lucha de poder sobre el día
entre él y la depravada Luna
que muestra su cara oculta,
de ninfa villana, madre de las viciosas.

Vía láctea manchada de sangre
Fuego, llamas y lenguas de rojo
aparcan en el nuevo planeta
corrompiéndolo a tal punto
que el averno se traslada al cielo.

Ernesto Agustín Medina
Argentina

Nació en la ciudad de Córdoba Capital, el 15 de junio de 1992.
Vivió sus primeros años en el tradicional barrio San Vicente. A los seis años de edad se mudó a Villa Regina, provincia de Río Negro, junto a su familia, ciudad donde vive actualmente.
Estudió en el Centro de Educación Técnica N° 18, recibiendo el título de Técnico Electromecánico.
Actualmente es estudiante de Sociología.
Aficionado de la literatura, escribió sus primeros cuentos y poemas desde muy corta edad.

_ Antología Poética En El Sendero De Las Letras:Autores de Argentina.

_Antología Poética El Eco de las Musas: Solo Poesía

--Sueños & Secretos: Cuento & Poesía

BAJO EL AGUA

No quiero palabras sabias no busco el resplandor,
flores negras se hunden en el agua. Camino sobre cenizas,
agito un mar en calma.
Arrojé mis puños contra el cielo sin esperar consuelo.

Algo perdí pero encontré luz en mi soledad.
Me quedé dormido junto al fuego y un ángel de ojos dulces
se presentó en mis sueños.

Quiero aire nuevo para respirar, no elegí mis huesos
pero elijo quedarme
…cambiarán quizás las reglas del juego. Algo se rompe,
muerde mis manos tengo la sensación
de que no me pertenezco; mi sueño es verdadero ella lo sabe bien
…construir para los dos un mundo nuevo.

Algo perdí pero encontré luz en mi soledad.
Me quedé dormido junto al fuego y un ángel de ojos dulces
se presentó en mis sueños.

MUROS

La noche avanza silenciosa, inexorable,
estoy rendido a su canción desesperada.
Tras estos muros no existe
más que el musgo de las sombras,
 bajo el grito salvaje de los cuervos
 solo encuentro soledad agazapada.
Va creciendo en el fondo el vacío,
como un río turbulento
demoliendo el puente hacia la luz
 y mis manos temblorosas se corroen
 alimentando a la bestia.
Va la luna sobre el bosque
juntando en su cesta de plata
la resignación de los árboles.
Tengo los ojos de piedra
 como animales dormidos,
y sé que no quiero quedarme
 pero no sé hacia dónde ir.
El sol quemó mi piel hambrienta
 con su fuego durante años,
el viento sepultó mi corazón bajo la tierra.
Sueño en secreto una canción acogedora,
 intentando traerte de regreso
pero el recuerdo es esquivo,
un prisionero en tierras enemigas.

Tras estos muros
no queda más que niebla,
tengo la sangre congelada
perforándome el cráneo.
Ya no hay futuro, ni tiempo,
ni un espíritu sediento.
Ya no sé qué es lo que espero,
no deseo más que calma.

LUCIÉRNAGAS

Vivo por mi día de gloria
mientras giramos en espacios comunes,
mientras caemos lentamente
como partículas fluctuando en la luz crepuscular,
leves almas aguardando la noche.
Vivo por mi día de gloria,
grito de mis manos desencadenadas,
tiempo suspendido al filo de mis párpados.
Todo este instante es eterno,
todo el dulzor que derrama tu voz
 me protegerá del impacto
y la grieta donde miente la luz.
Vivo el instante preciso,
sueño de luciérnaga
al abrigo de tus pétalos.
Llevo la caricia de tus días sobre mí,
llevo el espectro de tus ojos
suspendido para siempre en mi memoria.
 Guardo la música de atardeceres innumerables,
la fuerza de nuestra voluntad cual axioma,
la primera y la última palabra.

TEDIO

¿Quién va a enseñarme lo que es una espina?
¿Quién me hablará de su filo asfixiado, bajo la piel, hiriendo
entre sus láminas abiertas? Desprendo de mi rostro
su fina membrana solo para mirarme
como quién mira a un extraño. Divido mi carne
para corroborar la forma y procedencia de mi sangre.
¿Quién va a explicarme cómo es sentirse desierto?
Saber que volveré a partir juntando mi sombra,
escuchando el murmullo de las cosas el latido silencioso
de sus identidades cautivas por el tedio cotidiano.
Saber que volveré a caer profundo buscando libertad
en esta angustia, desprendiendo una flor para la nada.
¿Adónde irás fragmento de la noche,
regalo del amor para el olvido?

VENUS

Déjame quedarme,
este sitio es lo mejor que he tenido,
déjame llamarle hogar.
Arde Venus sobre el cielo nocturno
 y estás más radiante que nunca.
Fragilidad revestida de hierro
¿hacia qué horizontes miran tus ojos esta noche?
Es tu luz mi veneno y el vino de la vida,
no dejes que el fuego se consuma
 porque hay dos almas que quieren ser una
 bajo este mismo cielo.
Déjame quedarme,
este sitio es lo mejor que he tenido,
déjame llamarle hogar.
Arde Venus sobre el cielo nocturno
 y estás más radiante que nunca.
 Miro en tus ojos y se abre un abismo,
tu silencio es una espina entre mis manos
pero es fruto de tu boca la miel de mis días,
no quiero dejarle al viento las cenizas mi vida.
 Mantenme despierto y alerta,
 no quiero volverme ciego,
cuando profundo bajo la superficie
 te haces cada vez más parte de mí.

Arde Venus sobre el cielo nocturno,
no dejes que el fuego se consuma.

José Lorenzo Medina

Argentina

Oriundo de Córdoba – Argentina. A los 8 años escribió su primer cuento, después de la muerte temprana de su padre se refugió en la lectura y escritura. Los primeros poemas los escribió a la edad de 15 años. Fue jugador de Ajedrez de 1ra en la UC.A. Durante la dictadura se afilió al Movimiento Nacional Justicialista (Partido Peronista). Fue miembro activo de la Juventud Peronista. Milito en la izquierda del Peronismo durante los años del Menemismo. En el 98 emigro al valle del Rio Negro, eligió la ciudad de Villa Regina para establecerse. Allí comenzó su militancia gremial en S.O.E.F.R.yN. (Sindicato obreros empacadores de la fruta de Rio Negro y Neuquén) y ya en el 2012 fue nombrado funcionario del gobierno provincial por el Sr. Gobernador de Río Negro Don Alberto Weretilneck. Está cursando el último año de la Tecnicatura de Seguridad e Higiene Industrial en el I.P.A.P.

Ha participado en los siguientes libros:

-Antología poética Alma y Corazón en letras: Con Derecho a Réplica.

-Desde mi esencia: Poesía (junto a la autora Gladys Viviana Landaburo).

-Antología Poética en El Sendero de las Letras: Autores de Argentina.

-Antología Poética El Eco de las Musas: Solo Poesía ©2014.

-Antología de cuento y poesía:Sueños & Secretos

-El Canto del Ruiseñor:sinfonía de un sentimiento (libro de mi autoría)

MI POESÍA HA MUERTO

Nubes grises y negras sobre las bardas.
El frío viento de la cordillera golpea mi sien,
sacude mi cuerpo y lentamente camino
hacia las alturas de la noche más oscura.
Ya no hay luces ni esperanza,
no hay canto, melodías, la alegres risas
de tiempos perdidos en el recuerdo.
Sentir la soledad como un gigante,
despertar en el alma y abrazar mi destino.
No hubo olas sobre el extenso mar
ni gaviotas sobre las barcazas buscando
el despejo, los restos del trabajo del hombre,
solo levante mi vuelo: ¡volar y soñar cada vez más alto!

El fuego aún arde en el corazón.
Las palabras corren por las venas
como savia nueva riegan el mundo
mientras las tinieblas se alejan:
¡Esta pequeña llama palpita
como un retoño en el sur!

TU RECUERDO RUEDA EN El ALMA

Como gotas de lluvia que caen por mis mejillas
así siento tu recuerdo rodando en el alma.
Las penas son como una triste zamba,
que abrigan mi recurrente soledad
mientras el corazón sigue soñando contigo.
Sin rosas en el jardín, solo el frío invierno
desea incansable, una nueva primavera.

OCIO

Esperar y el tiempo no se detiene.
Oír el silencio caminar en mi mente
con pasos delicados, lentos,
ociosos, delirantes y eternos,
mientras la lluvia golpea
en mi corazón solitario
como un martillo de hielo,
las cálidas olas del mar
de mi sueños y de las manos
que luchan siempre:
con un corazón mirando al sur

DESDE EL ALMA

Desde mi alma fui tejiendo redes,
sueños e ilusiones
pequeños pájaros doliendo en el corazón
deseando volar, emigrar lejos de este mundo,
lleno de sombras y de grises.
Sonrisas de plástico, ninfa sin alma
rodearon mi noble sentir.
En la aurora me queda el calor
de aquellos distantes ojos tristes
que llenaron mi sangre de sueños.
Y palpitó mi deseo llorando en tu piel
sintiendo que tus labios rompían el silencio
con una palabra: ¡Te quiero!

EN LAS NOCHES

Durante las noches se este invierno
mi corazón destila algún bello recuerdo
clavado en el portal de la belleza,
en el umbral de tus labios,
en el eco sagrado de tu voz
entonando en la noche oscura
llena de la noble nostalgia
por la mujer más hermosa y pura
que mi cuerpo y alma han soñado.

UNA LÁGRIMA

Eres en esta noche. Una lágrima cae lentamente.
Tu amor fue un castigo en la noche de mi dolor.
Cuántos momentos se han perdido en un segundo
mientras busco salvar la esencia de los sentimientos.
Como un quijote luché contra las noches de soledad
esperando las migajas de una verdad a medias:
¡La mentira de un corazón que deseaba,
 sentirse vivo intensamente!

Ester Migoni

Argentina

Docente, escritora y poeta, nacida en San Miguel de Tucumán. He residido en diversas ciudades de mi país además de New York. Actualmente en la ciudad de Villa Constitución, Pcia. de Santa Fe en Argentina.

He perdido la memoria de cuál fue el momento que comenzó mi vocación por la escritura ... para mí , la vida es la poesía más habitada en el imaginario colectivo, ella, es la historia contada en versos, sin hacerlo consciente... no imagino un día de mi vida sin escribir algo, un verso , una poesía o algún esbozo de cuento, pero podría decir que en mi adolescencia se incrementó sobremanera, cuando mis compañeros de escuela secundaria me encargaban acrósticos para sus amados/as.Además de participar en las conmemoraciones escolares, escribiendo y recitando mis escritos.

En esta ciudad, cada año, se convoca a poetas y narradores villenses a participar en la Antología de poetas y narradores locales y luego se presenta en la Feria del Libro que auspicia la Municipalidad en la cual participo cada vez que me es posible.Varios de mis trabajos han sido incluídos.

Mi primera publicación ha sido en la Revista de Psicología Social de la ciudad de Buenos Aires con motivo de la celebración del día de la mujer en 1963 con mi poesía llamada justamente "Mujer...".

En 2013 he participado en "El sendero de las letras, en el E-Book con motivo del día de la mujer, editado por Luna Clara Jutel, y en el editado por Gladys Viviana Landaburo con motivo del día de la poesía.En 2014 "Del alma Editores" me convocó para participar de la Antología poética:"El eco de las Musas" y en "Mundillo" tejedoras de cuentos de Puerto Rico y Argentina .

Es para mí un honor hoy, año 2015 ,haber sido convocada para esta nueva propuesta literaria "El eco de las Musas II": entre lo abstracto y lo tangible , por lo cual doy gracias a la vida y a Editores del Alma, que aún se siga apostando al aroma de un libro entre los dedos .-

ALMA MÍA...

Alma que me habitas,
que me escuchas y animas,
tú conoces mis cuitas,
mis amores y temores,
alma que me atiendes de día
y me acaricias de noche,
te pido nunca me dejes,
que sin mi esencia no soy,
no puedo, no voy, y si sé
que me alojas, no temo,
no muero, no me apeno,
y sólo yo soy ...
Alma que me oyes,, aunque
Hable, grite o llore, aunque
ame o añore,
aunque calle o no ...
Alma que me atiendes y
entiendes , esté bien o
sea una calamidad, tú
me anidas sin tapujos
ni penas... con errores,
o sin ellos, ya que tú sabes

mi destino y conoces mi
misión, ya que he venido
a ser un aprendiz,
en el arte de vivir y que
tomo largos recreos para reír,
amar, soñar, sentir y ser
pasional hasta el final ,
siempre sin mirar atrás...
y si miro, alma mía, sé,
que allí, también tú estarás.

EL ESPEJO…

Como modelo hierático ,
 te he encerrado,
en el cuarto más
pequeño de la casa,
ya que cada vez que
yo te miro, tú,
no dejas de observar
las profundidades
más ásperas y obscuras
de mi ser herido,
y si desvío la mirada,
tú me imitas,
siguiéndome cruel
hasta mis sombras
y cuando la luz
se refleja en tus entrañas,
me encandilas
hasta hacer cerrar,
mis ojos magros,
para no mirarte.
Entonces huyo de ti,
que me escudriñas,
persiguiéndome aún,
cuando me he ido.

No veo tu boca y
sin embargo, mis oídos
oyen tus reproches
y quejas sin sentido,
¡Hoy he decidido matarte,
para que no me sigas,
y fue peor ya que
al golpearte,
son infinitos los ojos
que me miran
huir de ti, y tus
premeditados espejismos,
que reflejan una
imagen virtual
e invertida
de mi mismo...!

CONTRA VIENTO Y MAREA

Contra viento y marea ,
pero te encontraré,
me juré a los 16, cuando
te arrancaron de mis brazos
al parirte aunque luché
y lloré para que no lo
hicieran, pero sólo logré
que me llamaran puta,
mientras gritaban
-"lo hubieras abortado "-
Ellos, querían que te matara
hijo mío, y al no lograrlo,
de mí te apartaron al nacer.
Jamás conocí tu rostro ,
sólo te oí llorar a mi par .
Hoy, mis lágrimas lavan,
en parte, las heridas de ayer,
cuando soporté sus insultos,
jurándome que un día,
hijo querido,
te encontraría, y podría,

contra viento y marea,
contarte mi historia,
que es al fin, nuestra historia.
Hoy, me siento, como la madre
del rey Salomón... que
para salvar tu vida,
tuve que negarte a la fuerza ...
pero mi rey eres tú hijo amado, y
recordado cada fiesta,
de cada año,
en las que me faltaste,
en las que te soñaba,
con rostro imaginado,
con la viva esperanza
de un día verte, conocerte,
aunque no te amanté,
y hoy,
tu voz me estremeció,
y tembló mi cuerpo de emoción
al escuchar a un bello de
joven de 26 años,
en el teléfono...
esa voz, calma al fin,
mi alma herida,
y fue ese, un momento mágico,
al saber que estás bien, enamorado

y formando tu propia familia,
aunque lejos de mis brazos
temblorosos,
sentí el abrazo invisible del amor.
negado por la crueldad social
de la vida fuera de una ley pacata,
sin corazón, ni razón, una cultura
teñida por el qué dirán
y me alejaron de ti hasta hoy,
hijo, que con saber tu bien...
soy muy feliz... gracias vida,
mi hijo vive lleno de amor...
y esa es una buena razón,
para haberte buscado…
contra viento y marea.

RITUAL COTIDIANO...

Te espero como
ritual diario,
la tarde, no parece
saber nada .
En tanto, enrojece
el horizonte calmo.
La brisa es tan suave,
que ni los árboles
la registran y parecen
de yeso... y yo,
te aguardo como un
espectro al acecho,
sobre los escombros
de mi alma herida,,,
Con gran deseo, confío
que vendrás, pero
no lo creo,
y aunque no
vengas, te veo,
te huelo
y te siento.

Un ritual, que sólo
es eso,
un ceremonial
cotidiano sin sentido,
ya que soy consciente,
que para sobrevivir
le miento
a mi corazón,
mientras mi alma
en pena,
chorrea lágrimas negras
porque sé que tú,
ya estás muerto…

Jeannette Cabrera Molinelli
Puerto Rico

Jeannette Cabrera Molinelli nació en San Juan, Puerto Rico. Estudió Sociología, y por treinta y dos años fue dueña de una compañía de reclutamiento de profesionales. Tomó cursos de escritura creativa en el Programa de Educación Continuada de la Universidad Sagrado Corazón, en la Academia de la Lengua y en el Salón Literario Libroamérica de Puerto Rico (Casa Concha Meléndez). Sus cuentos han sido publicados en varios libros antológicos:

Fantasía Circense (San Juan, 2011);
Maraña, Antología de Cuentos de Tejedoras de Palabras (Editorial Argueso y Garzon, Colombia, 2012);
Sueños y Secretos −Autores Hispanoamericanos (Eco Editorial Argentina, Argentina, 2014), y
Antologia de Cuentos Sueños del Cajón (Del Alma Editores PR, Puerto Rico, 2014).

Publicó un libro de cuentos, **El robo del mar y otros cuentos** (Palabra Pórtico Editores, San Juan, 2014).

Su poesía fue publicada en el libro **Antología de Micrófono abierto en Casa Emilio** (San Juan, 2014), y en **Sueños y Secretos − Autores Hispanoamericanos** (Eco Editorial Argentina, Argentina, 2014).

También sus textos han sido publicados en varias revistas literarias: **Boreales** (San Juan, 2011), **CRUCES** (Universidad

Metropolitana, San Juan, 2012), **Hojas Sueltas** (Universidad de PR, San Juan, 2013), y **Monolito** (Méjico, 2014).

Fundó y presidió el grupo Tejedoras de Palabras hasta su desaparición. Fundó y preside el grupo literario **Tejedoras de Cuentos**, grupo que organiza y promueve las Noches de Cuentos en Casa Concha Meléndez y la Universidad Politécnica de PR, así como el proyecto **La Ruta del Cuento**, este último, un esfuerzo colectivo de cuentistas para llevar la literatura a los diferentes municipios del país. Actualmente está trabajando en un libro de Memorias y en otro de cuentos cortos.

Correo electrónico: jeannettecabrera31@gmail.com

SALVAJE

Hombre de naturaleza salvaje
animal que sorprendes
asustas, atraes
Contemplo tu belleza.
Curiosa
me arriesgo al peligro
de un huracán de pasiones
en un valle de mariposas.
Haces que descargue mi deseo
me convierta en manantial
ríos desparramados
hasta el mar azul de los sueños.
Siento el volcán de tus besos
la luz cegadora de tus ojos
caricias suaves
anémonas
convertidas en mordidas de tiburones.
Obligas los relámpagos
en mis entrañas.
En mi cama
excelsa aurora boreal

galería de emociones

convertida en salmón
que muere al final.

> *"Duerme mi niño grande, duerme, mi niño fuerte:*
> *que el juego del amor rinde como la muerte."*
> Clara Lair

EN LOS AMANECERES

Espero…
se disipan los habituales humos de la mañana.
Admiro
la majestuosidad de tu cuerpo
deidad de viento y tormenta
que estremece e inquieta mis emociones.
Deseo
abrazarte hasta perderme en el laberinto tibio de tu pecho.
Conocer
la historia que guardas en tu frente.
Confundirme
en el sorprendente paisaje de tus cejas.
Perderme…
en ese cielo improvisado de tus ojos.

Recorrer

las calles desconocidas de tu boca.
Visitar
la densa selva de tu torso
las pequeñas islas rocosas de tu abdomen
Escalar
las montañas de tu vientre.
Caerme
en los acantilados de tus hombros.
Morder
tu piel olorosa a aceite azul de los eucaliptos.
Y atrapada en el meandro de tus piernas
encerrarme
en las admirables esquinas de tus caderas.
Que tu espuma se convierta en ríos
para ahogarme en el territorio natural de tus aguas fluviales.
Amanecer
fiera sobre tu paisaje salvaje.
Y habiendo respirado tus bóreas
con las delicias de haberme paseado por tu cuerpo
esperar
en el desierto de nuestro lecho
hasta que vea con placer
los coloridos y sorprendentes amaneceres.

> *"Porque perros me han rodeado,*
> *cuadrilla de malignos..."*
>
> **Salmo** 22

SÚPLICA PARA UNA AUSENCIA

Te ruego...
Olvídate de mí
para siempre.
No me busques en las redes sociales.
Borra mi nombre de tu mente.
Echa al mar tus endiablados deseos.
No me menciones
ni me leas
ni me esperes
-escondido entre la gente-
para ver lo que escribo
o digo informalmente
y atacarme con un comentario
incompleto
despiadado
o dejar saber que te duele.

Déjame caminar libremente
creer en el cielo azul
y persignarme
con esperanza
en un Dios que me perdone.
Déjame ser yo
otra vez
como antes
limpia
serena
diferente.
Sigue con tu vida
como quieras
rodeado de la gente que te complace
enredado en las lianas
de complejos
haciéndole poesía
a esqueletos
dando abrazos
por conveniencia.
Sé tú
en tu espacio
pero, ¡por Dios!
¡Olvídate de mí para siempre!

JILGUERO

        A mi amigo Miguel Ferrer

Con un vestido azul turquesa
adornado de rayitos de oro
de naranjas salpicado
un hermoso Jilguerito
a mi ventana se asomó.
Con su pico azabache
alabanzas al sol cantó.
Por mi mirada insistente
a la rama de un árbol voló
vivió allí escondido
hasta que un ratón lo asustó.
Ansioso y algo perdido
buscando lugar para cobijo
de rama en rama se movió.
Una manzana abierta
en la orilla de mi ventana
pudo llenarlo de amor.
Ahora tiene su nido
en mi vitral pegadito

canta alegre y venturoso
Feliz con él canto yo.

Encarna Romero
España

palabras
caracteres sin espacio
caracteres con espacio

Encarnación Marín Romero, nacida el 03 de marzo de 1957, en Campillos (un pequeño pueblo de Málaga), España. Emigró a Brasil en 1960, donde se crió y vivió en partes distintas. De vuelta a sus orígenes, desde 1999 ha vivido en varios lugares de España. Finalmente, ha elegido Barcelona como su ciudad de adopción. Carente de raíces debido a tantos cambios desde la más tierna infancia y, al mismo tiempo, desvinculada de ataduras, busca el sentido de las vivencias y del intercambio humano. Aficionada desde muy temprano al dibujo y a las letras, ha pasado por varias fases de alejamiento y de aproximación a ambas. También se ha dedicado por algún tiempo a cultivar la música. Nunca ha desaparecido ese "Ser Poeta", que es un estado de espíritu, una forma de vivir. Hoy escribe por la necesidad de expresión interior y movida por el deseo de poder transmitir algo de valor a los demás. Ha publicado esporádicamente en algunos periódicos y revistas, y una muestra de su trabajo se encuentra publicada en la Antología Poesía, Cuentos y Vos (2013), Antología Por los Caminos de la Poesía (2013), Antología Poética Alma y Corazón en Letras (2013), Segunda Antología "Versos

Compartidos" Veintidós poetas bajo la misma luna (2013), recull "Paraula d'Espriu" (2013), Tercera Antología "Versos Compartidos" Veinticuatro Poetas Inmersos en la Esencia del Mar (2014), Las Cortesanas de la Poesía (2014), Antologia Catalana-Valenciana "Units per la mateixa arrel" (2015) y Cuarta Antología"Versos Compartidos" Trazando Huellas.

BAILA EL ALMA DEL POETA

Son las cuatro:
es la madrugada más profunda.
Fuera sopla el gélido viento invernal.
En la ventana, la campanita china
difunde sus armoniosas notas.
Dentro: acogedora habitación,
oscura cueva y seguro refugio
de un obstinado soñador.
Vuela la mente del poeta.
Baila su alma al ritmo
del alocado aire.
En la vacía plaza
doblan indolentes
las metálicas campanas
de una vieja iglesia
medieval.

AGRIDULCE NÉCTAR

Del alma angustiada del poeta surge el néctar.
Algunas veces dulce como la miel
que vigoriza y hace soñar.
En ocasiones, refrescante como lluvia de verano
que fluye con levedad ante los ojos del lector.
Otras veces, entretanto, amargo como la hiel:
hace reflexionar, suspirar y hasta llorar.
Cual pozo profundo y oscuro,
su ser se busca a si mismo.
Incansablemente,
abre y cierra los cajones de su mente.
Aquel que juega con las palabras
se quema como si de fuego se tratara.
Se ahoga en aguas profundas.
Enloquece en el paraíso perdido,
en el jardín de las flores de mil colores;
vaga en busca de respuestas
sin ninguna pregunta concreta.
En ese oculto vergel, las voces
y las palabras juegan al escondite,
huyendo de él... una y otra vez.

El néctar ha de brotar, sea como sea,
o el poeta morirá en su desierto interior

MELANCÓLICAS NOCHES OTOÑALES

Rugen los primeros vientos
del otoño que se acerca.
El caluroso verano
intenta resistirse con valor;
pero, poco a poco,
se acercan las oscuras nubes:
gordas, grises y pesadas...
Hojas heridas que caen,
dibujando una nueva estampa.
Los hombres se recogen,
se abrigan, se quejan.
Solo el valiente caminará
contra el viento
en las melancólicas y dulces
noches otoñales.

MADRUGADA AZUL

La madrugada es azul
y esa tenue niebla,
casi invisible,
se expande por el camino.
En ese mundo de serena ilusión
pende de la nada
un hilo de luna.
Brillante luna que empieza a crecer
y a engordar sin tapujos;
exhibiéndose esplendorosa.
La noche azulada y el astro de plata
son confidentes inseparables
de los atormentados insomnes,
de los ensimismados poetas
y de los gatos callejeros.

RESBALADIZAS ROCAS

Paseo por mi perfumado jardín,
no obstante,
mi alma sueña con las escarpadas
rocas costeras.
Mientras sorbo lentamente
el dulce néctar
de este tranquilo amor,
mi alma anhela
el embriagador
cáliz de una loca pasión.
Pruebo el almibarado
sabor de estos suaves besos,
pero mis labios sueñan
sangrantes mordiscos
desenfrenados.
Acaricio una suave piel,
sin embargo,
deseo con locura
el roce brusco
y áspero
de otro ser.

El picante sabor de ese deseo
envenena toda mi sangre.
Mi cuerpo está aquí
y mi mente vuela lejos...
a un lugar de frenesí
y de distorsión...
a un largo laberinto
en caída libre
sin fin.

Sonia Sager

Argentina

Sonia Lilian Sager Guerra: Santafecina de la ciudad de Malabrigo, llevo impregnado el olor de los azahares en mi piel, de los citrus que se cultivan en las quintas de mi localidad. Soy Profesora de nivel Inicial. Desde hace años escribo, participo de diferentes talleres literarios y antología (Noches sin Soledad, La hora del Cuento, Pintemos Santa Fe con Palabras, La Luna y el Sol, Una Mira al Sur y varias más), edité un libro de poesías "El Viento de mis Sueños" y 6 CD también de Poesías y 1 de cuento. He obtenido premios a nivel nacional e internacional. Quienes me conocen saben que escribo sobre diferentes temáticas, pero el que más me desvela es el amor "soy una enamorada del Amor".

Organizo año por medio el encuentro de escritores "Malabrigados" en mi ciudad, que se enmarca dentro de la Feria del Libro que organiza la Escuela N° 1128 donde me desempeño como docente.

Pertenezco a S A D E filial Santa Fe, y a la Revista Tercer Milenio en la Cultura, de la ciudad de Rosario.

Para comunicarse por mail mar021256@hotmail.com

FRENESÍ

Trama el río su cadencia de cristal líquido,
Quiebra el mar su marea despeinada,
Sombras que pasan descalzas por los muros.
Soy el ladrón furtivo de viejas madrugadas
la que arrebata tu olor,
el sabor de tus labios,
el sonido de tus suspiros,
mordisqueándote hasta los pensamientos,
la que te detiene el tiempo con un beso
para quitar la sal de tu sombra y ojos.

GRAMÁTICA SENTIMENTAL

"Me gustaría descifrar
cada verso de tu mirada,
Eres verbo
en el tiempo y espacio
un accidente singular
en mi vida,
sustantivo que atesora
infinidad de adjetivos.
Nuestros cuerpos
con códigos y exclamación
formaron un diptongo
llegando a punto final."

ALUCINADA

"Seductor como el vino que degustas,
inquietas la sombra de mi silueta,
desabrochas mis sueños,
desnuda mi piel.
Causante de mis sentires
cautiva mis pensamientos
me llevas al ensueño,
mi mirada solo proclama…
tócame eres mi delirio! "

SOLO TEATRO

"Cuando las sombras bailan…
busco tus pantomimas de actuación,
pregonas ser un cóndor libre
que no se detiene en lechos.
Diseñas catarsis cada día
para huir del amor.
Tu corazón de hierro
sólo conoce el silencio que ensordece
por la soberbia del machismo."

SIEMPRE ESTÁS

"Quizás mi mirada
esté gastada...
Quizás mi voz...
sea un silencio gris...
pero hay un viento color rubí
tocando notas en mi piel,
arpegio que se pierde
en mi geografía;
Cuando en anocheceres
anidó en mi lecho."

BÚSQUEDA INÚTIL

Te veo
en la eterna luna,
en las curiosas astros,
en las calles,
en la gente que camina por ellas,
mi mirada se equivoca
se estrella contra la realidad.
Pero en las paredes
de nuestro cuarto
tus ojos me miran,
quizás nos reconocemos todavía.
Eres una hora antigua.
Un beso lavado por el tiempo.
Un suspiro que no se oye.
Un retrato inacabado.
¿Sabes? Todavía te siento en mi piel,
eres una cicatriz que aún sigue abierta.
Dime dónde,
en qué lugar,
a qué deshoras me volverás

a decir te amo;
ya no quiero perseguir fantasmas.

Responde ahora porque la eternidad
se me acaba.

Any Sanz

Argentina

Adriana Estela Sánchez (Seudónimo Any Sanz) nacida Buenos Aires actualmente vive en Tucumán

Escritora y poeta con poemas premiados . Primera mensión especial " Recuerdo de mi infancia " y Siete Lunas "

Asiste a programas radiales Fomenta la escritura en las escuelas , hospitales , geriatricos en las plazas entre otras

Hace obras de caridad y publica en 55 grupos en redes sociales y el ciclo ¿Adónde estan las Llaves ? y Suri Tango

Tiene siete antologias dos internacionales y su libro de poesía Goces del Alma .

RECUERDOS

Recuerdos que duelen
Me gritan a viva voz
Por los pasillos
Blancos de un frío hospital
Una sensación
De ahogo de asfixia
Me tumba
Te has ido
Pero el amor
No ha muerto
Se quedó pegado
A mis huesos
Siento estremecer
El corazón
Mis suspiros
Son hondos
Profundos
Que me dan
Vuelta

DE MI SER

Mi amado
ven que mi amor desespera
si no te tengo a mi lado
no apartes tus ojos de este amor
que alimenta mi alma
que siente aun en la distancia infinita del corazón
te amo me dices
te amo te digo
y todo es tan bonito contigo amor
no existe desierto que detenga esto
somos bendecido con el amor supremo .

TU COSTADO

Un halo místico envuelve nuestro amor
Purifica la sangre del corazón
dos almas destinadas ya antes de ser
generosidad divina del creador
fuimos moldeados con su inmenso amor
mi corazón es todo tuyo
tu corazón es todo mío
besa mi frente amado
porque yo soy tu costado

ECOS DE MUSAS

Retumban en mi alma desesperadas
Gritan gimen desaforadas suplican mendigan libertad
Abren espacios sublimes angelicales del misterio infinito
voces celestiales que multiplican oraciones rezan
Entre panes y vinos embeben el corazón místico único
Devoran letras en mis manos sutil escribo lo que gritan
Musas bailarinas entretejen hilos de luz y música
Saltan juegan me rodean sus ecos por donde quiera que vaya
Trazan un ritmo especial siluetas dibujan entre sí
Voces de musas inspiradoras hacen ecos en mí

Quédate en mí como un abrojo prendido
Quédate en el aire que respiro
Quédate en las noches de lunas
Quédate en lo bello del amanecer
Quédate a mi lado en el silencio de mi alma
Quédate en la brisa que me acaricia
Quédate en mi piel perfumando mis días
Quédate en la distancia infinita del ser
Quédate en mis musas solitarias

Quédate en los espejos de mi ventana
Quédate en mi corazón por siempre .

AMOR ETERNO .

Te cobijo en el hueco de mi mano
te desnudo con mis letras
te hago mío en mil poemas
siento tu ser en la distancia infinita
que se apodera de todo mi ser
me abrazas con suspiros de tu alma
te siento con la brisa que me habla
con los latidos del corazón
solo él sabe que esto no es un juego
que es amor eterno amor del bueno
tu promesa y tu pacto es terminar tus días en mis brazos
mi promesa y mi pacto es hacerte feliz hasta mis últimos días
estar así siempre juntos cuidándonos amándonos
un amor más allá de la eternidad
un amor que jamás morirá .

El día está gris
la lluvia lava la cara de la pena
el corazón grita y sangra mil heridas
los recuerdos vivos por los rincones de la nostalgia
el verso te nombra desesperado
la angustia salpica los charcos de los días
la piedad se abraza a la distancia
Dios reza el milagro de la vida
todo sigue el mundo gira
el reloj marca el tiempo no detiene la amargura
el dolor que aqueja el alma solitaria
la soledad muda de los años que quedan .

Josefina Stasiuk

Argentina

Me llamo Josefina Stasiuk: Seudónimo...(Milagros Vida). Hija de padres inmigrantes. Nací en Florida Provincia de Bs. As. Argentina. Participé en dos Antologías Poéticas: (El Eco de Las Musas) y (Sueños y Secretos...Cuentos y Poesías) compartiendo con autores Hispanoamericanos. Actualmente participo, de un programa radial "Susurros Del Alma" donde gané con dos poemas que fueron hechos canción.

"Siempre escribiré mil palabras y con ellas romperé cadenas de distancias"

¡AY AMOR!

¡Ay...ay amor!
ella es valiente y nostálgica,
te busca, te atrapa, te ama.
Es como una cascada,
que cae siempre al río.
Es como el ave que busca su nido.
Calma, transparente, suave
busca aromas y busca rocío.
Esa...soy yo, la que te extraña,
la que te piensa cada madrugada,
cuando su alma vuela tras palomas blancas.
¡Soy yo, sí yo! la que tú
sin querer enamoraste,
entre sueños, cariños y sábanas.
Calma, transparente, suave,
busca...tu aroma, besa tu alma.
Espera un encuentro, quizá
en un cercano mañana, siempre
mirando la lluvia tras la ventana.
¡Esa soy yo, sí yo!
La mujer que te ama,
la que queda en silencio y en sus manos nada.

¡SOLO SUEÑOS!

¿Dónde dejamos los sueños?
esos sueños que nos ayudaron
a amarnos, aquel día.
Sueños mágicos, también inciertos,
donde ocultamos verdades, para
no amargar nuestras vidas.
Un conjuro de rosas, claveles
y jazmines, inundaron nuestras
madrugadas, que… hoy son tristes,
convertidas en hielo y nostalgias.
¿Cómo puedo ocultar mis sentimientos?
¡No consigo conciliar el sueño, porque
te llevo muy dentro!
Nadie sabe mi dolor.
Ya no puedo vivir así, tendré que dejar
pasar el tiempo y de a poco,
salir de este infierno.
Mientras espero, cultivaré rosas
que florezcan en invierno.

COMO HOJAS SECAS...

Puse mi amor,
en tus manos.
Lo dejaste escapar,
entre tus dedos.
Te entregué mi alma,
la dejaste vacía.
¡Sin consuelo!
Te entregué mis sueños,
no los guardaste, en el
baúl de los recuerdos.
Te entregué mis besos,
dejaste mi boca seca...
¡Sin aliento!
De a poco... te dí,
cada uno de mis
sentimientos.
Mi pasión en esas
madrugadas...
que hoy para mí,
están oscuras.
¡Yo sin consuelo!
Te di mi vida y la

dejaste, como una hoja

seca, que arrastra,
el viento.

TÚ Y EL MAR...

Tú... solo tú eres esa brisa,
que me llega al cuerpo.
Tú... solo tú eres como estrella,
que brilla en el cielo.
Te asomas como un resplandor,
en cada uno de mis sueños,
y en esos sueños, el mar...
con su oleaje, me lleva hacia ti.
Siento las olas sobre mi cuerpo
que llegan hasta la profundidad,
de mi alma y mis deseos.
Me siento sumergida, en tu cuerpo
como si fuera un océano.
Siento que estoy flotando...
¡Qué extraña sensación!
¡El sueño es tan real y
tengo miedo!
¡Sigo luchando contra la marea!
¡Exhausta!... quiero llegar a la orilla,
quedar tendida... descansar,
y salvarme de este amor

que siento.
¡Olvidarme de este sueño!

ANSIAS

Ansias de una noche de amor.
Labios y almas se reclaman,
labios con besos dormidos,
que quieren florecer.
Almas que se buscan,
en la distancia.
Hambrientos de amor,
tú dentro de mi ser.
Quejidos que brotan de mi
y embelesan más y más tus ansias.
Mariposas de seda revolotean
dentro mío, como burbujas
que acarician mis entrañas.

RESIGNACIÓN

Tendré que resignar,
este amor que siento.
Resignarme a no amarte.
Resignarme a dejar tantos
otros sueños,
esos sueños donde te sentía
tan mío y delirando nos
besábamos y cada noche
nuestras pieles se buscaban
se rozaban.
¿Tú no la sentías? ¡con razón!
¡Solo fueron sueños!...
Hoy vuelvo a la realidad,
y los sentimientos tan puros
fueron solo míos.
Dices que tienes ilusiones conmigo,
pero me haces ver, que tan solo deliras.
Escribes palabras sin sentido.
Te leo y no entiendo, me haces
sufrir sin motivo.
No merezco esto, porque te amé,

te di todo lo que pude de mí,
pasión, amor y todos mis sentidos

ÍNDICE

María Elena Altamirano 7

Ramón Amarillas 20

Clara Appelhans 40

Ramón Florentino Arcos 47

Patricia Bustamante 54

Cecilia Conejeros 61

Franklin Galarza 70

Cruz Antonio González Astorga 78

Daniel Rodriguez Herrera 88

Gladys Viviana Landaburo 95

Marcela A. Lotta 103

Ernesto Agustín Medina 114

José Lorenzo Medina 123

Ester Migoni 132

Jeannette Cabrera Molinelli 144

Encarna Romero 155

Sonia Sager 165

Any Sanz 174

Josefina Stasiuk 183

Del Alma Editores

2016

www.ingramcontent.com/pod-product-compliance
Lightning Source LLC
Chambersburg PA
CBHW072130160426
43197CB00012B/2055